NOUVEAUX
PRINCIPES
DE
LECTURE.

NOUVEAUX
PRINCIPES
DE
LECTURE,

MIS A LA PORTÉE DE LA PLUS TENDRE JEUNESSE.

A PARIS,

CHEZ Anth^e. BOUCHER, IMPRIMEUR-LIBRAIRE,
RUE DES BONS-ENFANTS, N°. 34.

M. D. CCC. XX.

AVERTISSEMENT.

Mon intention, en faisant imprimer ce petit Ouvrage, n'est point de le rendre public : il existe déjà un assez grand nombre de livres de ce genre, dont je ne veux pas grossir le catalogue. Ce n'est que pour mon usage que j'ai fait ce petit travail, dans lequel j'ai simplifié, autant qu'il m'a été possible, les Principes de Lecture, et mis à la portée des petits enfants, ce qu'il y avoit de plus rebutant et de plus difficile pour eux.

J'aurois donc dû me dispenser de tout avertissement, et je l'aurais en effet supprimé, si je n'avais craint qu'il ne tombât quelques exemplaires de ces Principes, entre les mains de quelqu'un qui voulût en faire usage. Dans ce cas, je dois le mettre au fait de ma méthode, afin qu'aucune difficulté ne puisse l'arrêter.

1°. Dans la manière usitée jusqu'ici,

d'apprendre l'Alphabet aux enfants, j'ai remarqué un défaut essentiel, qui consiste à donner aux deux voyelles *a*, *o*, un son qu'elles n'ont que rarement dans les mots, où leur usage est cependant si fréquent. On apprend aux enfants à les prononcer avec un son fort, comme si ces deux lettres avoient l'accent circonflexe, *â*, *ô*; tandis que ces voyelles n'ayant le plus ordinairement qu'un son presque muet, comme dans les mots suivants : *la, ma, date, patte, mot, pot, note, noble*, il ne faut apprendre aux élèves que ce son foible, ne donnant le son grave et fort, que lorsque ces voyelles ont l'accent *â*, *ô*, ou quand elles sont suivies dans un mot, d'un s ou d'un z, comme *pas, repas, base, vase, repos*, un *os*, *héros*, qu'on prononce *pâ, repâ, bâse, vâse, repô,* un *ô*.

2°. Des enfants de quatre à six ans, n'étant pas en état de sentir la différence qui se trouve entre l'*é* grave et l'*é* circonflexe, j'ai cru qu'il étoit plus convenable de donner à l'un et à l'autre le même son, jusqu'à ce que la raison fût assez développée, pour sentir la différence qu'il y a entr'eux.

Quant à la voyelle *e*, elle conserve un son muet partout où elle est finale, et même dans le milieu des mots, lorsqu'elle n'est pas suivie d'une consonne avec laquelle elle ne forme qu'une syllabe ; car dans ce dernier cas, elle prend un son grave, comme dans les mots *sel*, *sec*, *net*, *terme*, *respect*, etc.

3°. La lettre *h* n'ayant seule aucun son, j'ai cru devoir la retrancher de l'alphabet, et ne la faire prononcer que lorsqu'elle est précédée de *c* et de *p*, comme *ch*, *ph*.

4°. Les consonnes *c* et *g* prennent quelquefois un son plus doux que celui qu'elles ont ordinairement : c'est lorsqu'elles sont suivies de *e* et *i*; car alors *ce*, *ci*, *ge*, *gi*, se prononcent comme *se*, *si*, *je*, *ji* ; cependant, j'ai pensé qu'il valoit mieux n'en point parler dans le commencement, pour ne pas trop multiplier les difficultés. Je les ai donc réservées pour un article séparé, où elles font la matière d'une leçon.

Je ne dis rien ici de plusieurs autres difficultés qui ne sont expliquées dans aucun Abécédaire, parce que j'ai tâché de les aplanir à mesure que l'occasion s'en est présentée.

CHAPITRE PREMIER.

Des Lettres.

Il y a deux sortes de lettres : des voyelles et des consonnes.

Les voyelles sont ainsi nommées, parce que, seules, elles forment une voix, un son.

Les consonnes, au contraire, pour former un son, ont besoin d'être réunies à quelqu'une des voyelles.

Il n'y a que cinq voyelles. Les voici : *a*, *e*, *i*, *o*, *u*.

Y, qu'on appelle ordinairement *i* grec, ne forme pas une sixième voyelle, parce qu'elle n'a que le son de *i*.

§. Ier.

Forme des Voyelles.

A, a, *a*.
E, e, *e*.
I, i, *i*.
O, o, *o*.
U, u, *u*.
Y, y, *y*.

De la manière de faire prononcer quelques Voyelles.

A, doit se prononcer comme dans l'article *la*.
E, doit se prononcer comme dans *le*.
O, doit se prononcer comme dans *mot*.

§. 2ᵉ.

Forme des Consonnes.

B, b, *b*.   N, n, *n*.
{ C, c, *c*.   P, p, *p*.
{ K, k, *k*.   R, r, *r*.
{ Q, q, *q*.
                { S, s, *s*.
D, d, *d*.   { ſ, *ſ*.
{ F, f, *f*.   { Ç, ç, *ç*.
{ Ph, ph, *ph*.
                T, t, *t*.
G, g, *g*.   V, v, *v*.
J, j, *j*.   X, x, *x*.
L, l, *l*.   Z, z, *z*.
M, m, *m*.

Il reste une lettre qui, seule, n'a point de son ; elle sert d'aspiration en quelques mots, et dans la plupart ne se prononce point : c'est la lettre *h*. Mais, unie au *c* et au *p*, elle forme des sons. Ainsi, *ch*, suivi d'une voyelle, se prononce comme dans *chat*; et *ph* a le son de *f*.

§. 3ᵉ.

Alphabet entier.

A, a, b, c, k, q, d, e, f, ph, g, ch, i, y, j, l, m, n, o, p, r, s, ſ, ç, t, u, v, x, z.

§. 4ᵉ.

Manière de prononcer les Consonnes.

B, b, b	— be.	P, p, p	— pe.
C, c, c ⎫		R, r, r	— re.
K, k, k ⎬ — ke.		S, s, s ⎫	
Q, q, q ⎭		ſ, ſ ⎬ — se.	
D, d, d	— de.	Ç, ç, ç ⎭	
F, f, f	— fe.	T, t, t	— te.
G, g, g	— gue.	V, v, v	— ve.
J, j, j	— je.	X, x, x	— cse.
			[*ou* gze.]
L, l, l	— le.	Z, z, z	— ze.
M, m, m	— me.	Ch, ch, ch	— che.
N, n, n	— ne.	Ph, ph, ph	— fe.

Gn, gn, gn — nie comme *signe*.

EXERCICE

Pour l'Alphabet répété sans ordre.

A, c, d, b, ç, g, k, m, l, e, n,
o, g, i, p, r, q, t, f, c, e, s, u,
x, v, gn, z, m, y, ph, j, k, i, x,
a, p, v, f, gn, s, t, n, r, o, q, d,
l, m, j, ç, ch, z, v, n, g, o, y, u,
x, l, v, i, d, b, r, f, b.

§. 5ᵉ.

Voyelles accentuées.

On appelle accent, un petit trait placé sur les voyelles, et qui change le son de quelques unes. Ainsi :

â, se prononce comme dans *pâte*.
é, se prononce comme dans *piété*.
è, et ê, comme dans *zèle*, *alêne*.
ô, comme dans *apôtre*.
î et û conservent leur son naturel.

§. 6ᵉ.

Des Consonnes liées.

Ct se prononce *etc*.
ff ———————— *se*.
ff ———————— *fe*.
ft ———————— *ste*.

fl ———— *fle.*
ffl ———— *ffle.*
ſl ———— *sle.*
fi ———— *fi.*
ſi ———— *si.*
æ ———— *é.*
œ ———— *é.*
&, et ———— *è.*

CHAPITRE II.

§. 1ᵉʳ.

Des Syllabes simples.

Ba, be, bé, bè, bi, bo, bô, bu.
Ca,   co, cô, cu.
Ka, ke, ké, kè, ki, ko, kô, ku.
Qua, que, qué, què, qui, quo, quô, quu.
Da, de, dé, dè, di, do, dô, du.
Fa, fe, fé, fè, fi, fo, fô, fu.
Pha, phe, phé, phè, phi, pho, phô, phu.
Ga, gue, gué, guè, gui, go, gô, gu.
Ja, je, jé, jè, ji, jo, jô, ju.
Cha, che, ché, chè, chi, cho, chô, chu.
La, le, lé, lè, li, lo, lô, lu.
Ma, me, mé, mè, mi, mo, mô, mu.
Na, ne, né, nè, ni, no, nô, nu.
Pa, pe, pé, pè, pi, po, pô, pu.
Ra, re, ré, rè, ri, ro, rô, ru.

Sa, se, sé, sè, si, so, sô, su.
ſa, ſe, ſé, ſè, fi, ſo, ſô, ſu.
Ça, ce, cé, cè, ci, ço, çô, çu.
Ta, te, té, tè, ti, to, tô, tu.
Va, ve, vé, vè, vi, vo, vô, vu.
Xa, xe, xé, xè, xi, xo, xô, xu.
Za, ze, zé, zè, zi, zo, zô, zu.

EXERCICE
Sur les Syllabes simples.

Pa pa, di vi ni té, li re, a do re, ca lo te, pè re, mè re, lu ne, sa la de, ga ze, sa le, ma ri, pa ri, ri re, o li ve, ra re, pâ té, pâ te, pi pe, ga le, gâ té, â me, pa ro le, ju pe, cu re, cu ré, ru e, ca ba ne, ca ma-ra de, mi ne, ca ve, cu ve, mu ti ne, ca po te, pa pe, ra re, Ro me, de mi, a ma-zo ne, zô ne, cha pe, ca ra fe, ca ra bi ne, é cha ppé, cho pi ne, chê ne, ca fé, mo ka, ra pe, ra ve, ca ne, fi gu re, bé ni, ba na ne, pa ta te, bo ti ne, bé ni te, i nu ti le, u ti le, tu li pe, le, ma la de, gué ri ra, de, sa, co li que, rhu me, pe ti te, hu-mi de, hu mi di té, ba di ne, fi dè le, fi-dé li té, ma chi ne, ma thé ma ti que, fi gue, ba gue, bi go te, gui de, guê pe, ju ri di que, é pi ne, qui, pi que, bi che, é vê que, é vê ché, li gue, li mi te, mi re,

lu xe, lu xu re, lu nu le, lo ca li té, ri che,
va gue, ca na ri, mâ le, ma ca ro ni, ma-
cu lé, ma cu la tu re, ma ni pu le, ma-
chi ne, na ta le, na ti vi té, na va le, na-
tu re, o va le, O vi de, pé cu le, ta xe,
ri xe, Sa xe, Hé lè ne, a lê ne, thê me,
a na thê me, pi lo ri, pi quu re, pi que,
pi co té, zé ro, co lo ré, co lè re, échu,
co lé ri que, mé ta pho re, qui, me, pi que,
me, cho que, hé ré ti que, li mo na de,
cho qué, ca ché, ca pi tu le, co pu le,
lu xe, pha re, fi chu, ca ca o, fi che, pa-
la ti ne, lu na ti que, cha ri té, ca la mi té,
cu be, cu bi que, cu pi di té, sé cu ri té,
Pé né lo pe, dé chi ru re, dé chi que té,
co che, chi ca ne, qua li té, Phi lo xè ne.

Les lettres doubles se prononcent ordinairement comme les lettres simples. Ainsi : *bb*,
cc, *dd*, *ff*, *ll*, *mm*, etc., se prononcent
comme *b*, *c*, *d*, *f*, *l*, *m*.

EXERCICE.

Bo nne, po mme, co llè gue, do nné,
vi lle, Ca mi lle, bé ca sse, ho mme,
so mme, pa nne, pa li ssa de, ta pi sse rie,
ta sse, na ppe, a llée, co mmè re, fo lle,
fo lli cu le, a bbé, ro bbe, da tte, fo sse,
a sso mmé, ca sse ro le, se mè lle, sa lle,

po ssé dé, bo ssu, pa li ssa de, Phi li ppe,
bi za rre, ba ttu, a ffa mé, gui ta rre,
cu lo tte.

§. 2ᵉ.

Syllabes simples, dont la Voyelle est avant la Consonne.

Ab, èb, ib, ob, ub.
Ac, èc, ic, oc, uc.
Aq, èq, iq, oq, uq.
Ak, èk, ik, ok, uk.
Ad, èd, id, od, ud.
Af, èf, if, of, uf.
Aph, èph, iph, oph, uph.
Ag, èg, ig, og, ug.
Al, èl, il, ol, ul.
Ap, èp, ip, op, up.
Ar, èr, ir, or, ur.
At, èt, it, ot, ut.
Ax, èx, ix, ox, ux.

EXERCICE.

Ab so lu, Da vid, Bèc, sèc, sac, zig zag, car na val, es to mac, fi èl, Nar bo nne, mi èl, car pe, hèr be, hèr mi te, art, or, vir gu le, car te, na tif, mar tyr, cul te, cor de, bo rax, har pe, hé las, dor mir, car me, car tèl, bal, cul bu te, pic, mèr le, duc, pèr te, ur ne, mar mi te, fèr, ci èl, cèt, Job, Pas cal, nèf, èf fet, ès ca pa de, ès cor te, bac, pis to lèt, ès ti mé, ma gog, Luc, vif, tuf, chèf, grèc, suf fi re, dif fus, ap ti tu de, ar ri vé, or bi te, coq, ob-te nu, ap por té, por te, ca nif, èf fort, ap te, ar ti cle, pas tè que, pas tel, Por-tu gal, ex ta ti que, tex te, A lix, èx té nué.

§. 3e.

Syllabes composées de plusieurs Lettres.

Bla, ble, bli, blo, blu.
Bra, bre, bri, bro, bru.
Cla, cle, cli, clo, clu.
Chra, chre, chri, chro, chru.
Cra, cre, cri, cro, cru.
Cta, cte, cti, cto, ctu.
Dra, dre, dri, dro, dru.
Fla, fle, fli, flo, flu.
Fra, fre, fri, fro, fru.
Phla, phle, phli, phlo, phlu.
Phra, phre, phri, phro, phru.
Gla, gle, gli, glo, glu.
Gna, gne, gni, gno, gnu.
Gra, gre, gri, gro, gru.
Pla, ple, pli, plo, plu.
Pra, pre, pri, pro, pru.
Pta, pte, pti, pto, ptu.

Psa, pse, psi, pso, psu.
Sca, sco, scu, squé, squi.
Scra, scre, scri, scro, scru.
Scla, scle, scli, sclo, sclu.
Spa, spe, spi, spo, spu.
Spra, spre, spri, spro, spru.
Spha, sphe, sphi, spho, sphu.
Sfa, sfe, sfi, sfo, sfu.
Spla, sple, spli, splo, splu.
Sta, ste, sti, sto, stu.
Stra, stre, stri, stro, stru.
Tra, tre, tri, tro, tru.
Vra, vre, vri, vro, vru.

EXERCICE.

bl.   Ta ble, fa ble, sa ble, blé ssé, blé ssu re, blu té, blo tti, bloc, blu ette, blo qué, o bli que, blo cus, a ma ble, vé ri ta ble, bi ble, bi bli o thè que.

br.   Bra ve, bra vo, bre bis, brè che, a bricot, a bri té, a bri, bro dé, bru ne, bru me, bra gue, bri gue, bri co le, brè ve, bru i ne, bru ni.

cl.   Cla sse, cla ssi que, cla vi cu le, clé, mi ra cle, cli mat, clo che, Clu ni, clo que, cla ri nè tte, cli que tis, clo re, clô tu re, per clus.

cr.   Crâ ne, crê me, cré é, cro sse, cré a tu re, é cri tu re, cru èl, cra tè re, crudi té, cri me, cru che, cru, cri, cra pu le, dé cré pit, cré pi.

Chris ti a nis me, chré ti è nne, Christ, *chr.*
chro ni que, chro no lo gue, Chris to phe.

A cte, pa cte, ta ct, cté si as, pè cto ral, *ct.*
ar chi tè cte, a cti ve, a cti vi té, ar chi‑
tè clu re, pro tè ctri ce.

Dra pé, dro gue, dru, dru i de, a drè sse, *dr.*
drap, drô le, la dre, hy drau li que, hy dre.

Fla tté, fla tte rie, flû te, flot, flu èt, *fl.*
fla mme, flè che, flé chir, flo tte, a ffli ge,
flui de, si flé, flé xi ble, flé tri, flé tri ssu re,
flo ri de.

Phlè gme, phlo go se, phlè gma ti que. *phl.*

Fra ppe, fra tèr nèl, fré ne, fra tèr, *fr.*
fri po nne, fré té, frè re, fri a ble, fri ca ssée,
fre la té.

Phré né ti que, o nu phre, phra se. *phr.*

Gla ce, glu, glo be, glo bu le, gli ssa de, *gl.*
gli ssé, glo ri fi é, rè gle, ré gli sse.

I gna re, i gno ré, bè gne, vi gne, *gn.*
vi gno blé, rè gne, i gné, bor gne,
ma gni fi que, a gne lèt, ro gné, ro gnu re,
di gni té, di gne, li gne, si gne, si gna lé,
si gni fi é.

Grâ ce, gros, gras, gra bat, gri ve, *gr.*
grè ve, é gra ti gné, é gra ti gnu re, gris,
gri ffe, gra tté, gru me lé, gre nu, gre nat.,

(12)

gru e, a graffe, gra de, gra du é, gra‑
ti fi é.

pl. Plat, pla ti tu de, plis, pli ssé, plé ni tu de, pla nè te, plu me, pla te, Pli ne, plu mu le, pli é, Plu tar que, plus, plu tôt, pla qué, pla que.

pr. Pré, pra ti que, pru ne, pris, prô ne, pro be, pro bi té, pra li ne, pro li xe, pro blê me, pro li fè re, pro xi mi té, pris me.

ps. Psal mis te, Psy ché, psy co lo gue, pso ra, pso ri que, psal mo dié.

sc. Sca re, sca ri fié, scor but, sco las ti que, sco lie, sco rie, sca ra bée.

sq. Sque lè tte, squi rre.

scr. Scri be, scru té, scru pu le, scro phu le.

sp. Spa, Spi re, spa tu le, spi ri tu èl, spi ri tu a li té, è spé ré, spé cu lé, spé cu la tif, spèc tre.

sph. Sphè re, sphé ri que, sphé ro ï de, Ma spha, sphé ri ci té.

st. Sta de, sta tue, sty le, sté ri li té, fto rax, stu pi de, stu pi di té, sti pu le, sta tis ti que, sta tu é.

str. A stre, a stro no mie, stri cte, stru ctu re, ob stru é, strié.

tr. Tré pas, tri pot, tro pi que, tro qué, tra pe, tru ffe, Tri ni té, a ttri but, tric‑trac, trop, trot, tro tté.

Vi vre, li vre, i vre, i vro gne, fi bre,   *vr.*
fiè vre, hâ vre, cui vre, sui vre, se vré,
or fè vre, li è vre, a vril.

§. 4ᵉ.

Des Consonnes mouillées.

Dans le milieu et à la fin des mots, deux *ll* précédés d'un *i*, prennent un son mouillé, et se prononcent à peu près comme *lie*; *il* à la fin des mots, se prononce de même, lorsqu'il est précédé d'une voyelle.

EXEMPLE.

Ba taille, mu raille, paille, taille, maille,   *aill.*
te nailles.

O rèillé, trèille, a bèille, vi èille, vèille,   *eill.*
é vèillé, oèillet.

Bail, ail, ca mail, por tail, mail, tra vail,   *ail.*
at ti rail.

So lèil, so mmèil, é vèil, oèil, ré vèil,   *eil.*
pa rèil.

Fille, bille, billèt, quille, ju illet, che nille,   *ill.*
che ville, va nille, ba bille, ba billé.

§. 5ᵉ.

De la Lettre S entre deux voyelles.

Cette lettre, placée entre deux voyelles, se prononce ordinairement comme *z*.

EXEMPLE.

Ase, ise, esa, iso, osa, uso, etc.
se prononcent:
Aze, ize, eza, izo, oza, uzo.

EXERCICE.

Vi sa ge, Jé sus, ro se, o sé, va se, De ni se, che mi se, ca mi so le, Jé sui te, cho se, ru se, ru sé, a rro sé, ro sée, re mi se, ra se, Li se, vi sé, mu se, mu si que, phy si que, ro se, a ccu sé, pe sé, thè se, mé lè se, Thé sée, Sé sac, Thé rè se, é gli se.

§. 6e.

Les deux lettres *ti*, suivies d'une voyelle, se prononcent ordinairement *si*; ainsi :
Tia, tie, tii, tio, tiu,
se prononcent:
Sia, sie, sii, sio, siu.

EXEMPLES.

I ni tia le, i ni tié, par tia li té, a ffec tio nné, nup tia le, par tial, mar tial, bal bu tié, pro phé tie, pri ma tie, a ris to cra tie, dé mo cra tie.

§. 7ᵉ.

De la prononciation des deux consonnes, C et G, suivies de E—I.

La lettre *c*, suivie de la voyelle *e* ou *i*, se prononce comme *s*; ainsi, *ce ci* a le son de *se si*.

Et *g*, suivi des mêmes voyelles, prend le son de *j*; ainsi *gi gès* a le son de *ji jès*.

EXERCICE.

Ce la, ce ci, ci se lé, ci ter ne, cé su re,   *ce.*
cé du le, Ci bè le, ci ga le, pré ci pi ce,   *ci.*
Cé sar, pré ju di ce, pré ju di cia ble,
ca li ce, sci é, fé li ci té, ar ti fi ce, dé li ce,
ca pu ci ne, ra ci ne, ci me tiè re, bra ce lèt,
ob scè ne, scè ne, fi cè lle, ci me.

Gé nie, gé né ral, gé né ro si té, ge lée.   *ge.*
Gi bier, gé or gi que, Geor ge, Gi gès,   *gi.*
ma ria ge, mé na ge, ma gie, ma gis trat,
sa ge, o ri gi ne, ri va ge, co llé ge,
gé né ro si té, fro ma ge, dra gée, gi got,
ju ge.

CHAPITRE III.

Des Voyelles composées.

Outre les cinq voyelles dont nous avons parlé, et qui se trouvent dans toutes les langues, il y en a encore deux autres espèces : les unes appelées *françaises*, parce qu'elles sont propres à notre langue ; et les autres *nasales*, parce qu'on les prononce un peu du nez.

La voyelle *y* peut aussi être considérée comme composée, puisqu'elle équivaut à deux *ii*, lorsqu'elle est suivie d'une autre voyelle.

§. 1ᵉʳ.

Des Voyelles françaises.

Les voyelles françaises sont les suivantes :

Au,
Aux, } qui se prononcent ô.
Eau,
Eaux,

Ay, qui a le son de èi.

Ai,
Ais,
Ait,
Aient,
Ois, } ont le son de ê. (*).
Oit,
Oient,
Est,
Ei,

―――――――――――――
(*) *Voyez* la remarque ci-après, page 24.

Eu,
OEu,
Eux,
OEux,
} qu'on prononce comme dans *feu*.

Ou se prononce comme dans *fou*.

EXERCICE.

   Sau le, fau te, saut, haut, au tèl,   *au.*
é pau le, cra paud, au ne, pau vre,
ar ti chaut, ré chaud, chau ssé, chaud,
mi au le, au tre.

   Che vaux, aux, maux, tra vaux, bes ti aux,   *aux.*
ta bleaux.

   Eau, la peau, beau, beau té.   *eau.*

   Cha peau, to nneau, ba teau, mar teau,   *eaux.*
sceau, bu reau, a gneau, gâ teaux, châ teaux.

   Ai mé, j'ai me, ai de, aî né, lai ne, cai sse,   *ai.*
maî tre, paî tre, paix, vi cai re, mo nnaie,
lai de, fraî che, ai gle, chai se, ai sé, geai.

   Pays, pay a ble, pay sa ge, abb aye,   *ay.*
é tay ér, dé lay é, é ssay é, pay é.

   Mais, ja mais, frais, je li sais, di sais,   *ais.*
ai mais, pre nais, ve nais.

   Lait, il sau tait, il a llait, do nnait,   *ait.*
sa lu ait, crai gnait, o sait, gar dait, plaît,
il fait.

   Ils ai maient, ils a mu saient, ils ni aient,   *aient.*

(18)

ils je taient, ils ju raient, ils é cri vaient, ils di raient, s'ha bi llaient, ils na geaient.

ois. Je ri ois, je di sois, je sa lu ois, je cri ois, j'é tu di ois, je cé de rois, je dé si re rois.

oit. Il i roit, il di roit, il sa voit, pri oit, de voit, pa roît, co nnoît, ri oit, il de vi noit, ja soit.

oient. Ils se roient, ils a lloient, ils fe roient, ils ai moient, au roient, ve noient, pé ri roient, di roient, sé pa re roient, ba di noient, par loient, plai doient.

est. Il est beau, il est jo li, il est ju ste, il est ri che, il est prêt, il est pau vre, il est lâ che, il est par ti, il est ve nu, il est dit.

ei. Sei ne, pei ne, rei ne, vei ne, pei gne.

eu. Feu, li eu, Di eu, beu rre, peu, peu ple, Ci eux, neu ve, che veux, veu ve, veuf, pieu, ga leux, lé preux, fa ri neux, mieux.

œu. OEuf, œu vre, ma nœu vre, vœux, nœud, bœuf.

eur. Leur, cœur, sœur, meurs, mœurs, vol eurs, peur, pré di ca teur, su eur, li qu eur, lu eur, mo teur, fu reur, leurs, por teurs, ser vi teurs, pro vi seurs, ti reur-d'or.

ou. Fou, fi lou, cou, sou pe, fou le, cou pe, coup, nous, vous, tous, tout, lou is, lou é, bou dé, loup, bou illi, lou pe, nou veau, pou voit, mou tar de, mou sta che.

REMARQUE

Sur les deux Voyelles ai *et* eu.

Ai, à la fin des mots, se prononce *é*.

Ainsi, j'ai, j'aimai, j'aimerai, j'aurai, je dirai, je ferai, etc., se prononcent comme si l'on écrivoit :

J'é, j'aimé, j'aimeré, j'auré, je diré, je feré.

Dans tous les temps du verbe *avoir*, se prononce *u*. Ainsi les mots suivants, j'eus, tu eus, il eut, j'ai eu, tu as eu, il eut, nous eûmes, vous eûtes, ils eurent, etc., se prononcent :

J'u, tu us, il ut, j'ai u, tu as u, nous umes, vous utes, ils urent.

§ 2º.

Des Voyelles nasales.

Les voyelles nasales sont :

Am,
An,
En, } qui se prononcent comme dans le mot *ambre*.
Em,

Im,
In,
Aim, } se prononcent comme dans *lin*.
Ain,
Ein,

Éen se prononce éin.

Oin se prononce o in.

Om, On, } se prononcent comme dans onde.

Um, Un, } sonnent comme l'un.

EXERCICE.

am.   Am be, am bi gu, am ba ssa de, am bre, am ba ssa deur, camp, champ, ram pe, ham pe, jam be, jam ba ge.

an.   Dans, an, fan, ai mant, a mant, é tant, dé li rant, é tang, sang, pan, ve nant, pre nant, te nant, pro me nant, su ant, le vant, sa vant, de vant.

em.   Em ba rras, em me né, em por té, temps, em pi re, em pi ri que, em pe reur, em blé me, tem pê te, em pê ché, em bra ssé, il sem ble, trem pe.

en.   En tre, en fant, en clu me, en cre, dent, ven dre, vent, ten dre, ten dre ment, en sem ble, len te ment, a ttend, sens, a tten te, ten te, lent, len te, ment, é vi dent, ven te, pa ten te.

im.   Im po li, im pu ni, im pui ssant, im po ssi ble, tim bre, tym pan, thym, im pôt, lim be, im por tu ne, im bi bé, im pu ni té, il im por te, im por tant.

Fin, lin, pin, vin, lin got, lin ge, ju in, *in*.
prin temps, be nin, in fi ni, ma ro quin,
ar le quin, in fi dè le, in fi dé li té, pin te,
pin ta de, syn ta xe, in ten dant, pré vint,
in ter ne, in ten té, in ti me, in fir me,
in fir mi té, en fin.

Faim, daim, è ssaim, é taim. *aim*.

Vain, vain cre, pain, main, nain, pa rrain, *ain*.
bain, sain te té, saint, crain te, craint,
ain si, main te nant.

Fein te, feint, pein tre, pein tu re, *ein*.
tein dre, tein tu re, é rein té, en frein dre,
é teint.

A mo rrhé en, Jé bu sé en, Phé ré sé en, *éen*.
Cha na né en, Ger gé sé en, É thé en.

Soin, coin, point, join dre, le poing, un *oin*.
coing, be soin, loin, poin dre, moin dre.

Les mots suivants font exception à la règle
des pronouciations ordinaires.

Aen. Dans le mot *Caen*, se prononce *can*.

Ao. Dans *Saône*, se prononce *sône*.

Aon. Dans *Taon*, se prononce *ton*.

Et dans *Laon, Laonois, Paon, Paone*, on
prononce *Lan, Lanois, Pan, Pane*.

Om bre, som bre, tom bé, tom beau, *om*.
tom be, su ccom bé, com te, comp te,
comp ta ble, com pa rant, lom bard,
com pè re, dom, domp té, trom pé,

trom pè tte, trom peur, nom, nom bre, com pa ti ble, com pul sé.

on. Bon, son, long, lon gueur, l'on dit, don, mon, ton, sont, non, dont, rond, ron deur, con te, ron de, bon don, Tou lon, bour don, don jon, Ly on, A vi gnon, va llon, gou dron, din don, fri pon, ai glon, é dre don, nous tou chons, nous vou lons, par lons, en sei gnons.

um. Par fum, hum ble, hum ble ment.

un. A lun, au cun, l'un l'au tre, à jeun, Me lun, Ver dun, I ssou dun, lun di.

OBSERVATION

Sur les quatre nasales *am*, *em*, *en* et *im*.

Dans certains mots tirés des langues étrangères, ces quatre nasales ne se prononcent pas en voyelles, mais chaque lettre sonne séparément.

EXEMPLE.

Abraham, Joram, se prononcent comme s'il y avoit, A bra ha me, Jo ra me.

Jérusalem, Béthléem, Ephrem, sonnent comme Jé ru sa lè me, Beth lé è me, Ephrè me.

Triennal, examen, hymen, se prononcent comme triè nal, é xa mè n, hy mè n.

Solim, Ephraïm, etc., sonnent comme So li me, Ephra i me.

CHAPITRE IV.

Des Diphtongues.

On appelle diphtongues, deux ou plusieurs voyelles réunies, qui font entendre le son de deux voyelles, par une seule émission de voix. Voici celles qui présentent le plus de difficulté :

Oi, } Au commencement et au milieu des
Oie, } mots, se prononcent à peu près *oa*.

Ay a le son de èï—ayant.

Oy sonne comme *oaï*.

Ien se prononce *iin*.

EXERCICE.

Moi, toi, soi, loi, voi là, boi te, coi ffe, boi re, foi re, toi lè tte, moi neau, vou loir, a voir, pou voir, croi re, croî tre, foi, é toile, doit, de voir, tro ttoir, fro ttoir, i voi re, doigt, lar doi re, dé boi re, le toit, gri moi re, poi vre, quoi, poil, bois, froid, é cu moi re, froi deur, poids, trois, pois, poi ssér, poix.   *oi.*

Joie, soie, foie, proie, oie, Sa voie, u ne voix.   *oie.*

Excepté *monnoie* qui se prononce *monnaie*.

Roy al, roy au té, roy au me, moy è nnant, moy eu, joy eux, joy aux, em ploy é, noy aux, noy é, loy a le ment, croy ant, voy ant, voy ons, plo yé.   *oy.*

en. Mien, tien, sien, bien, lien, rien, chien, bienfait, chien-dent, Ca na dien, In dien, Pru ssien, moy en, chré tien, je tiens, il vient, main tien, con tient, en tre tien.

1re. Remarque.

Nous avons dit qu'au commencement et dans le milieu des mots, *oi* se prononce *oa*; il faut excepter les mots suivants avec leurs dérivés, où il faut prononcer ê:

Connoître, paroître, foible, roide. Ainsi dans ce qui suit, *oi* sonne ê: foi ble, foi blè sse, a ffoi blir, roi de, roi dir, roi deur, il pa roît, dis pa roît, com pa roî tre, a ppa roî tre, co nnoî tre, re co nnoî tre, re pa roî tre.

2e. Remarque.

Quoique généralement parlant, *oit, ois, oient*, à la fin des mots, doivent se prononcer ê, comme nous l'avons dit plus haut, ils deviennent diphtongues et se prononcent *oa* dans tous les monosyllabes; tels sont les mots suivants:

Je crois, tu vois, il boit, ils voient, qu'il soit, il doit, sois, fois, lois, rois, noix, ils se noient.

CHAPITRE V.

Du Tréma.

On appelle tréma, deux points placés sur

une voyelle, et qui la font prononcer séparément. Ainsi

Aë se prononce *a-é*.
Aï   *a-i*.
Aü   *a-u*.
Eï   *é-i*.
Oë   *o-è*.
Oï   *o-i*.

EXEMPLE.

Aë ré, aë ros tat, phaë ton, aë rien,   *aë*.
Is raël, Jo ël.

Ha ïr, Sa raï, A do naï, laï que,   *aï*.
spon daï que.

Sa ül, É saü, E mmaüs.   *aü*.

Sé meï, Plé beïen.   *eï*.

Poë te, poë me, No ël, coë ffe, Do ëg,   *oë*.
a loës.

Moï se, hé roï ne, hé roï que, Hé loï se,   *oï*.
é goï ste.

OBSERVATION

Sur la manière de prononcer les Voyelles, dans certains cas.

1°. Les deux voyelles *a* et *o*, suivies d'un *s* à la fin des mots, prennent un son plus fort, comme si elles avaient l'accent circonflexe *â*, *ô*.

A mas, ma te las, bas, re pas, tré pas,   *as*.
cas, Ni co las, Tho mas.

os.   Hé ros, l'os, re pos.

2°. A la fin des mots, la voyelle *e*, suivie de *z* et *d*, se prononce *é*.

ez.   Nez, te nez, pre nez, voy ez, pay ez, sa lu ez, ve nez, ri ez, ai mez.

ed.   Bled, pied, tré pied.

3°. Dans les mots d'une seule syllabe, *e*, suivi de *s*, a le son de *é*.

es.   Mes, tes, ses, les, des.

La même voyelle *e*, suivie de deux consonnes, a toujours le son de *è*.

EXEMPLE.

Es pé ré, es prit, es ti me, e nne mi, ne tte té, fu nes te, a ttes te, te lle.

Il se prononce de même, à la fin des mots, s'il est suivi de *b*, *c*, *f*, *l*, *p*, *r*, *t*.

EXEMPLE.

Avec, chef, La mech, Ca leb, tel, par ti el, A lep, ju lep, cep, sec, a mer, en fer, mer, fer, net, pro met, re met.

Il faut excepter les infinitifs en *er* qui sonnent *é*, comme dî ner, sou per, ai mer, chan ter, a ller, ra mer.

Cette même voyelle *e*, suivie de deux *mm*, où de *mn*, se prononce comme *a*.

EXEMPLE.

Fe mme, ar de mment, pru de mment, pa tie mment, so le mnel, so le mne lle ment, so le mni té.

4°. Les voyelles *a*, *i*, *o*, devant deux *mm* ou deux *nn*, se prononcent séparément ; ainsi l'on prononce, A mmo ni te, A mmon, a nnon ce, a nni ver sai re, a nna les, i nné, i nno cent, i mmo lé, i mmor tel, i mmi nent, i mmu ni té, ho mme, co mme, po mme, so mme, no mme, do nne.

5°. Les trois lettres *ent*, à la troisième personne des verbes, c'est-à-dire, dans tous les mots précédés de *ils*, *elles*, ces lettres, dis-je, ne se prononcent que comme *e*.

EXEMPLE.

Ils di sent, ils li sent, ils di rent, ai mè rent, ai ment, boi vent, son gent, veu lent, peu vent, di nent, ils a llè rent, vin rent, ils en sei gnent.

LEÇON GÉNÉRALE

COMPOSÉE

DE TOUS LES EXERCICES PRÉCÉDENTS.

J'adore la Divinité, honore le père et la mère, dire, lire, pape, lune, salade, madame, rire, mari, gaze, sale, pâte, pipe, gale, gâté, aine, parole, camarade, mine, cabane, carabine, mine, cuve, cave, capote, rare, Rome, Paris, béni, chape, café, échappé, chopine, chêne, patate, banane, râpe, bottine, botte, figure, figue, inutile, tulipe, le malade, la colique guérira, le rhume diminue, humide, humidité, badine, fidèle, ami, amitié, machine, bague, bigote, guide, guêpe qui pique, juridique, épine, épidémique, biche, évêque, évêché, ligue, lime, matelote, luxe, luxure, localité, riche, vague, canari, mâle, maculé, maculature, manipule, mire, natale, nativité, navale, nature, ovale, vide, pécule, taxe, rixe, Saxe, alêne, thème, anathême, pilote, piquure, pique, picoté, zéro, coloré, colère, échu, colérique, échope, déchirure, déchiqueté, coche, chicane, cupidité, qualité, calamité, caché, cachemire, capitule, métaphore, charité.

Bonne, pomme, comme, homme, collègue, donné, ville, Camille, bécasse, somme, panne, palissade, tapisserie, tasse, nappe, allée, commère, follicule, folle, abbé, robe, datte, fosse, assommé, casserole, semelle, femelle, salle, bossu, possédé, palissade, bizarre, comme, battu, affamé, Philippe, guitare, culotte.

Absolu, David, bec, sec, zig-zag, sac, carnaval, estomac, fiel, miel de Narbonne, carpe, carme, herbe, hermite, art, article, or, virgule, carte, natif, martyr, culte, corde, torax, harpe, dormir, cartel, bal, culbute, pic, merle, duc, perte, urne, marmite, fer, ciel, cet, Job, Pascal, tabac, effet, escarpé, escapade, bac, pistolet, estimé, Luc, vif, tuf, chef, Grec, suffire, diffus, aptitude, apte, arrivé, orbite, coq, obtenu, apporté, porte, canif, effort, article, pastèque, pastel, Portugal.

Table, sable, fable, blessé, blessure, blutté, blotti, bloc, bluette, bloqué, oblique, véritable, bible, bibliothèque, brave, brebis, abris, brèche, brume, brune, brigue, brique, bricole, brève, bruine, bruni, classe, classique, clé, clavicule, miracle, climat, cloche, claque, clarinette, clore, clôture, cliquetis, perclus, crâne, créé, crime, crasse, crême, crosse, créature, écriture, cruel, crudité, crime, cruche, crapule, cri, crépi, croc, décrépit, Christ, christianisme, chrétienne, chronique, chronologie, Christophe, acte, pacte, tact, pectoral, architecte, activité, actif, protectrice, drapé, drogue, dru, druide, adresse, drap, drôle, ladre, adressé, hydre, hydraulique.

Flatté, flatterie, flûte, flèche, flot, fluet, flamme, fléchir, flotte, affligé, fluide, sifflé, flexible, flétri, flétrissure, Floride, phlegme, phlogose, phlegmatique, frappé, fraternel, frère, frété, frêne, friable, friponne, frelaté, fricassé, phrénétique, phrase, glace, glu, globe, globule, glissade, règle, glorifié, réglisse, vigne, ignare, ignoré, vignoble, règne, borgne, rogné, agnelet, rognure, dignité, magnifique, digne, signe, signalé, ligne, grâce, gros, grabat, gras, grive, égratignure, grève, gris, griffe, gratté, grumelé, grenu, grenat, grue, agraffe, grade, gratifié, gradué, plat, plume, plate, platitude, planète, plénitude, plissé, plié, plumule, plus, plutôt, plaque, plâtre.

Pré, pratique, prune, pris, prône, probité, praline, prolixe, problême, prolifère, proximité, prisme, Psyché, psalmiste, psora, psorique, psalmodie, scarifié, scare, scorbut, scolie, scolastique, scorie, scarabée, squirre, squelette, scribe, scruté, scrupule, scrophule, Spa, Spire, spatule, spirituel, espéré, spiritualité, spécule, spectre, spécial, sphère, sphérique, sphéroïde, Maspha, sphéricité, stade, statue, style, stérile, stérilité, stupidité, stipule, statué, statique, storax, statistique, astre, astronomie, stricte, structure, obstrué, strié, trépas, tripot, tropique, troqué, trappe, truffe, trinité, attribut, trop, tric-trac, trotté, très, triste, attriste, vivre, ivrogne, livre, fièvre, ivre, lièvre, havre, havre-sac, cuivre, suivre, sevré, avril, vrai.

Bataille, muraille, paille, taille, maille, tenailles, baille, oreille, treille, vieille, veille, éveillé, œillet, œillade, bail, camail, ail, portail, mail, travail, attirail, soleil, œil, éveil, sommeil, réveil, pareil, fille, billet, bille, quille, cheville, juillet, chenille, vanille, babille, habillé. Visage, Jésus, rose, osé, vase, Isaac, chemise, camisole, Denise, jésuite, rasé, chose, rosée, remise, arrosé, visé, muse, musique, physique, pesé, thèse, mélèse, église, initiale, initié, partialité, affectionné, nuptial, partial, martial, balbutié, prophétie, primatie, aristocratie, démocratie.

Ceci, cela, ciselé, citerne, césure, Cybèle, cédule, cigale, précipice, César, préjudice, calice, scié, félicité, artifice, délices, capucine, racine, cimetière, bracelet, scène, obscène, ficelle, cime, génie, général, prodige, générosité, gelée, gibier, Géorgiques, Gigès, mariage, ménage, mage, magie, sage, magistrat, origine, fromage, gigot, dragée, juge.

Saule, faute, saut, haut, autel, épaule, crapaud, pauvre, aune, réchaud, miauler, autre, chaussée, artichaut, chevaux, maux, travaux, tableaux, bestiaux, bateaux, ciseaux, chapeau, tonneau, marteau, sceau, château, agneau, gâteaux, généraux, la peau, beauté, ébauche, morceaux, aimé, aide, aîné, j'aime, maître, laine, paître, paix, vicaire, laid, monnaie, fraîche, aisé, chaise, aigle, geai, mais, marais, pays, payable, paysage, abbaye, étayer, ayant, délayé, bégayer, essayer, payé, jamais, frais, je lisais, disais, aimais, parais, lait, il allait, il sautait, parfait, bienfait, saluait, craignait, gardait, il plaît. Ils disaient, ils voulaient, ils aimaient, ils jetaient, ils écrivaient, ils dînaient, ils nageaient, s'habillaient. Je riois, je disois, saluois, venois, criois, j'étudiois, je céderois, je voudrois, souhaiterois, il étoit, il iroit, il disoit, savoit, il paroît, il connoît, il devinoit, il jasoit, ils alloient, ils seroient, ils feroient, ils auroient, ils périroient, ils parloient, ils plaidoient, ils rongeoient, il est beau, il est joli, il est juste, il est sage, il est riche, il est prêt, il est pauvre, il est lâche, le frère est parti, il est revenu, il est aimé. Seine, peine, reine, veine, peigne, enseigne, Dieu, feu, beurre, peu, lieu, peuple, cieux, neveu, neuve, cheveux, veuve, peureux, pieu, lépreux, mieux, galeux, farineux, œuf, bœuf, œuvre, vœu, manœuvre, nœud, leurs mœurs, je meurs, voleur, peur, prédicateur, sœur, saveur, faveur, serviteur, porteur, tireur-d'or, proviseur, scieur, fou, filou, soupe, cou, poupe, foule, loupe, coupe, poupée, loup, vous, tout, louis, boudé, bouilli, nouveau, pouvoit, louange, moutarde, moustache, bout. J'ai, j'aimai, j'aurai, je dirai, je ferai, j'étudiai, je voudrai, j'ai dit, j'eus, tu eus, il eut, j'ai eu, il a eu, nous eûmes, vous eûtes, ils eurent.

Ambe, ambre, ambigu, ambassade, camp, ambassadeur, champ, rampe, lampe, jambe, jambage, an, danger, dans, pan, étant, aimant, étang, rang, sang, tenant, prenant, promenant, suant, levant, savant, devant, embarras, emmené, emporté, temps, tempête, empire, embaumé, empirique, emblême, empereur, embrassé, trempe, ensemble, encre, entre, enfant, enclume, tendre, vendre, lentement, évident, ventre, patente, tremblant, impoli, imparfait, impuni, impuissant, impossible, timbre, tympan, thym, impôt, limbe, importe, imbibé, impunité, fin, lin, pin, vin, lingot, linge, juin, printemps, benin, infini, arlequin, maroquin, infidèle, syntaxe, intendant, pintade, interne, intenté, intime, infirme, enfin.

Essaim, faim, daim, étain, vain, pain, vaincre, nain,

main, parrain, bain, saint, crainte, ainsi, maintenant, feinte, peintre, teindre, peinture, éreinté, éteint, enfreindre, ombre, tombé, sombre, tombeau, succombant, conte, comparant, comté, lombard, comptable, compère, dompté, dom, trompé, trompette, nom, trompeur, nombre, compatible, compassé, compulsé, bon, non, longueur, son, long, rondeur, don, mon, ton, dont, bondon, Toulon, bourdon, donjon, Lyon, Avignon, Avallon, goudron, dindon, fripon, aiglon, nous voulons, nous enseignons, Jébuséen, Éthéens, Phéréséens, Gergéséens, Amorrhéen, Chananéen, parfum, humble, alun, humblement, aucun, l'un l'autre, à jeun, Melun, Verdun, Issoudun, lundi.

Abraham, Joram, Jérusalem, Éphrem, Bethléem, triennal, examen, amen, hymen, Solim, Éphraïm.

Moi, toi, soi, voilà, boite, coiffe, boire, loi, foire, toilette, moineau, vouloir, avoir, pouvoir, étoile, croire, foi, croître, doit, devoir, trottoir, grattoir, ivoire, doigt, lardoire, toit, déboire, grimoire, poivre, quoique, poil, bois, froid, écumoire, poids, trois, proie, foie, joie, Savoie, soie, la voie, une oie, royal, royauté, royaume, moyennant, moyeu, joyeux, joyaux, employés, noyaux, croyant, loyalement, ployé, nous voyons, le mien, le tien, le sien, bien, chien, rien, bienfait, chiendent, Canadien, Indien, Prussien, moyen, chrétien, il vient, maintien, il contient, entretien, lien.

Foible, foiblesse, roide, roideur, affoiblir, connoître, ils reconnoîtront, paroissant, comparoître, disparoître, reparoissoit, nous apparoissons.

Je dois, je crois, tu bois, il voit, sois, qu'ils soient, qu'ils voient, fois, lois, rois, noix.

Le nez, tenez, voyez, prenez, dez, payez, vous saluez, vous aimez, le bled, le pied, trépied, mes, tes, ses, les, des, espère, esprit, estime, ennemis, netteté, funeste, atteste, telle, chef, avec, Caleb, tel, Lamech, Alep, julep, cep, sept, sec, amer, fer, mer, enfer, net, promet, et, remet.

Dîner, souper, aimer, chanter, aller, ramer, travailler, siffler, peser, trépigner, boucher, intimer, pleurer, braver, aiguillonner.

Femme, ardemment, prudemment, patiemment, évidemment, insolemment, solemnel, solemnité.

Ammonite, Ammon, Mammona, annonce, inné, annales, anniversaire, innocent, immolé, immortel, imminent, immunité, immuable, homme, somme, comme, donne, pardonne, nous ordonnons, ordonnance.

Aëré, aërien, aërostat, phaëton, Israël, Joël, haïr, Isaïe, Saraï, Adonaï, laïque, spondaïque, Saül, Esaü, Emmaüs, Archelaüs, Seméï, Plébéïen, poëte, poëme, Noël, coëffe, Doëg, aloës, Moïse, Héloïse, héroïne, héroïque, égoïste.

Amas, matelas, tas, repas, les bas, trépas, cas, Nicolas, Thomas, l'os, héros, repos, dispos.

Ils disent, ils aiment, ils lurent, ils boivent, ils songent, ils veulent, ils peuvent, ils pensent, ils dînent, ils allèrent, vinrent, ils viennent, ils enseignent, ils trouvent, ils entrèrent, sortirent.

CHAPITRE VI.

De l'Apostrophe, et de la liaison des mots.

L'apostrophe est un petit trait, comme la virgule, qu'on met au-dessus d'une lettre, et qui tient lieu d'un *a*, ou d'un *e*, comme j'ai, je l'ai vu, etc.

EXEMPLE.

J'aime et j'admire ce qui m'est agréable. J'espère l'avoir trouvé. Je n'avance rien qui ne puisse s'apercevoir. Ne t'y fie pas. Si l'on t'affronte. C'est l'esprit que j'ose invoquer. J'aspire à l'immortalité. J'ignore jusqu'où n'ira pas sa fureur. Quoi qu'on en dise, j'approuve l'ordre que tu m'as donné. C'est à lui qu'il convient d'entreprendre. L'on dit d'ordinaire qu'il n'est pas juste. La réputation s'obtient par l'observation. L'amitié m'entraîne. Il s'efforce d'avoir l'opinion pour lui.

Exemple des liaisons.

Les lectures amusantes et utiles entraînent ordinairement nos esprits. Travaillons avec assez de zèle, pour arriver à un but au moins satisfaisant. Tantôt il se montroit à nous, tantôt il disparaissoit à notre vue. Après avoir entretenu ses amis intimes sur des objets infiniment agréables, il s'en alla tout abattu. On entendit un concert des esprits célestes. Mon esprit se perd en conjectures. Les hommes sont bien à plaindre, avec une ambition si étonnante. Quel affreux objet, que la vue des cadavres entassés les uns sur les autres ! Rien en effet de si horrible que ces lieux infâmes, où la passion du gain dissipe en quelques instants les ressources de l'indigence; on ne peut y entrer sans être saisi de terreur. C'est ainsi que les insensés sont ordinairement entraînés à leur perte. Son naturel angélique étonnait autant les uns qu'il plaisoit aux autres. Le partage fut l'affaire d'un instant : deux à moi, trois à lui, sept à vous.

FIN.

De l'Imprimerie d'Anth^c. BOUCHER, Success. de L.-G. Michaud, rue des Bons Enfants, n°. 34.

www.ingramcontent.com/pod-product-compliance
Lightning Source LLC
Chambersburg PA
CBHW061000050426
42453CB00009B/1218